BEI GRIN MACHT SICH IHR WISSEN BEZAHLT

- Wir veröffentlichen Ihre Hausarbeit, Bachelor- und Masterarbeit

- Ihr eigenes eBook und Buch - weltweit in allen wichtigen Shops

- Verdienen Sie an jedem Verkauf

Jetzt bei www.GRIN.com hochladen und kostenlos publizieren

GRIN

Bibliografische Information der Deutschen Nationalbibliothek:

Die Deutsche Bibliothek verzeichnet diese Publikation in der Deutschen National-
bibliografie; detaillierte bibliografische Daten sind im Internet über http://dnb.d-
nb.de/ abrufbar.

Impressum:

Copyright © 2014 GRIN Verlag
Druck und Bindung: Books on Demand GmbH, Norderstedt Germany
ISBN: 9783668833081

Dieses Buch bei GRIN:

https://www.grin.com/document/448985

Erik Manger

Projektmanagementsoftware. Ein Marktüberblick

GRIN Verlag

GRIN - Your knowledge has value

Der GRIN Verlag publiziert seit 1998 wissenschaftliche Arbeiten von Studenten, Hochschullehrern und anderen Akademikern als eBook und gedrucktes Buch. Die Verlagswebsite www.grin.com ist die ideale Plattform zur Veröffentlichung von Hausarbeiten, Abschlussarbeiten, wissenschaftlichen Aufsätzen, Dissertationen und Fachbüchern.

Besuchen Sie uns im Internet:

http://www.grin.com/

http://www.facebook.com/grincom

http://www.twitter.com/grin_com

Hausarbeit

Projektmanagementsoftware – ein Marktüberblick

Studiengang Wirtschaftsinformatik & E-Business

Erik Manger

Sommersemester 2014

Eingereicht am 10.06.2014

Inhaltsverzeichnis

Abbildungsverzeichnis

Tabellenverzeichnis

1. Einleitung

1.1 Allgemeines und Motivation

Ein neue Idee wird kreiert, etwas Neues soll entstehen, es wird, wie man es fachbezogen nennt, ein Projekt erstellt. Schaut man in die Geschichte zurück, so ist erkennbar, dass schon die alten Ägypter mit dem Bau der Pyramiden Projekte verfolgt haben. Wird heute ein Haus gebaut, ist das Zusammenwirken der Handwerker auf der Baustelle und die Ausarbeitung der Pläne auch ein Projekt. Und wenn sich Geschäftsleute zusammensetzen, um die bestehenden Strukturen eines Unternehmens auf den Prüfstand zu stellen und etwaige Probleme ausfindig machen wollen, ist dieses genauso ein Projekt.

Dadurch, dass heutzutage Personen aus verschiedenen Kulturen häufiger zusammenarbeiten, oder der Zeit- und Kostendruck im internationalen Wettbewerb gewachsen ist, ist die Komplexität der Projekte höher geworden. Die Ansprüche und Anforderungen an solche sind stark gestiegen, ohne die entsprechende Projektmanagementsoftware ist es meist nicht mehr möglich, ein Projekt erfolgreich durchzuführen. Doch wieweit wird eine entsprechende Hilfestellung durch eine Projektmanagementsoftware gegeben, wäre man heutzutage überhaupt noch in der Lage, Projekte ohne den Einsatz einer solchen Software durchzuführen?

1.2 Aufbau der Arbeit

Auf den folgenden Seiten soll auf die Definitionen verschiedener Begriffe, die mit "Projekt" und "Projektmanagementsoftware" zusammenhängen, eingegangen werden. Desweiteren werden die Arten und Anforderungen an eine solche Software sowie deren Einsatzgebiete beschrieben. Zudem wird ein Überblick über bereits bestehende und auf dem Markt verfügbaren Software-Angebote gegeben. Da sich diese wissenschaftliche Ausarbeitung auf das Thema "Projektmanagement-Software" bezieht, wird ein Grundwissen im Thema Projektmanagement vorausgesetzt. Diese wissenschaftliche Arbeit ist unterteilt in Einleitung, Hauptteil und Schluss.

2. Begriffsdefinitionen

In diesem Abschnitt sollen grundlegende Begriffe definiert werden, um einen Ansatz und Überblick für die folgenden Kapitel zu erhalten.

2.1 Projekt

"Ein Projekt ist ein Vorhaben, das im Wesentlichen durch die Einmaligkeit der Bedingungen in ihrer Gesamtheit gekennzeichnet ist". (Fiedler, 2010, Seite 5)

Der Begriff Projekt ist im heutigen Alltagsleben sehr weit gefasst. Ob jetzt eine Musikgruppe ein neues Album aufnimmt, oder aber der Verkehrsminister eine neue Autobahn bauen lassen will, der Begriff *"Projekt"* ist immer mit dabei. So können alle Menschen mit diesem Begriff etwas anfangen, er verschafft Sicherheit im Gespräch. Da aber jeder den Begriff gebrauchen kann, kann man sich nicht mehr sicher sein, dass wenn beide das Gleiche sagen, sie auch das Gleiche meinen. Dennoch können daraus einige Eigenschaften abgeleitet werden, die für jedes Projekt eindeutige Merkmale sein können. [1]

- klare Aufgabendefinition
- abgrenzbar von den operativen Aufgaben eines Unternehmens
- eindeutiger Start- und Endtermin
- Innovativ, die Aufgabe wurde in dieser Form noch nicht durchgeführt
- konkurrierend um Ressourcen
- hohes Risiko

Zudem bildet das Projekt innerhalb eines Unternehmens eine eigene Organisationsform, um einen geordneten Ablauf und direkte Zuweisungen von Aufgaben innerhalb des Projekts zu ermöglichen. [2]

2.2 IT-Projekt

IT-Projekte haben die gleichen Eigenschaften wie normale Projekte, sind jedoch darauf ausgelegt, sich mit der Entwicklung und Gestaltung von Informations- & Kommunikationssystemen *(IKT)* zu befassen [3].

2.3 Management

Ein weiterer Begriff, der überall verstanden wird, ist der Begriff *Management*. Der dahinterstehende Prozess besteht im Wesentlichen aus mehreren Phasen, welche sind:

---

[1] vgl. (Wieczorrek & Mertens, 2008, S. 8)
[2] vgl. (Wieczorrek & Mertens, 2008, S. 62)
[3] vgl. (Wieczorrek & Mertens, 2008, S. 10)

2

- Planung

- Organisation

- Durchführung

- Kontrolle[4]

Diese Phasen sind die "Werkzeuge" der Menschen, um die gewünschten Ziele zu beschreiben und auch zu erreichen.

2.4 Projektmanagement

Die Konzepte, die zur Organisation und Leitung von Projekten, und damit bei der Neu- und Umstrukturierung von Systemen verwendet werden, werden unter dem Begriff Projektmanagement zusammengefasst. Durch das Projektmanagement soll sichergestellt werden, dass vorher vereinbarte Ziele im Rahmen diverser Randbedingungen in technischer, zeitlicher und finanzieller Hinsicht erreicht werden. [5]

2.5 Projektmanagementsoftware

Die Software soll die durchzuführenden Phasen bei einem Projekt unterstützen. Um einen reibungslosen Ablauf zu gewährleisten, ist es notwendig, dass die Projektmitglieder den gleichen Zugriff auf gleiche Daten und Informationen haben. [6] Darauf soll im folgenden Kapitel eingegangen werden.

---

[4](Litke, 2007, S. 20)
[5](Litke, 2007, S. 25)
[6]http://projektmanagement-definitionen.de

3

3. Projektmanagementsoftware

In diesem Kapitel wird auf die verschiedenen Arten der Software eingegangen[7]. Desweiteren sollen die Anforderungen und Ansprüche an eine solche Software bestimmt werden. Zudem werden bestehende und sich bereits im Einsatz befindliche Systeme beleuchtet.

Auf der einen Seite sollte klar sein, dass auch das teuerste Tool nicht die Kompetenz, egal ob bei Planung oder Durchführung, des Projektmanagers ersetzt und dass Anwendungskenntnisse in der Bedienung eines Programms nicht mit Projektmanagementwissen verwechselt werden dürfen.

Andererseits besteht Projektmanagement aber zu einem großen Teil aus immer mehr wiederkehrenden Aufgaben und standardisierten Prozessen, für die der Einsatz von solcher Software einen hohen Nutzen darstellt.

3.1 Arten der Projektmanagementsoftware

Verschiedene Arten[8] von Projektmanagementsoftware können wie folgt in Kategorien sortiert werden:

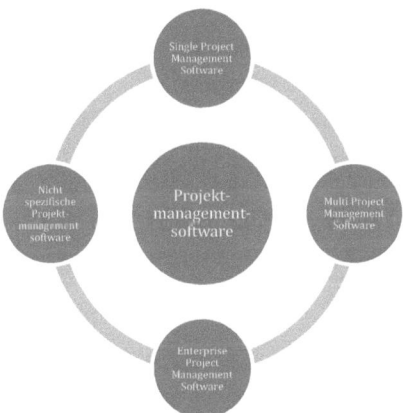

Abbildung 1 – verschiedene Kategorien von Projektmanagementsoftware

3.1.1 Single Project Management Software

Diese Art von Software wird nur für jeweils ein einzelnes Projekt eingesetzt, bei dem das Projektteam hauptsächlich den Fokus auf die erfolgreiche Bearbeitung und Beendigung des Projekts legt. Hierbei handelt sich meistens um Planungssoftware, mit welchem für die Projektbearbeitung ein Plan erstellt wird und auch weiterverfolgt werden kann, z. B: *Microsoft Project* oder *Open Workbench*.

---

[7]www.bwl24.net
[8]www.bwl24.net

3.1.2 Multi Project Management Software

Bei dieser Art von Software kann nach folgenden Kriterien unterteilt werden, je nachdem, welche Software gerade die sinnvollste für das anstehende Projekt ist:

- planungs-orientiert
- prozess-orientiert
- ressourcen-orientiert
- service-orientiert

Hervorzuheben ist dabei, dass einzelne Projekte bezüglich der konkurrierenden Eigenschaften gegeneinander priorisiert werden, z. B.

- bei Ressourcen
- Kosten
- Zeit
- etc.

Diese Art Software, eine Planungssoftware zur Steuerung und Verwaltung, ist besonders dafür geeignet, wenn mehrere Projekte oder aber auch mehrere Teilprojekte eines Großprojekts zu betreuen sind. Ein Beispiel für eine solche Software stellt *Planta Project* dar.

3.1.3 Enterprise Project Management Software

Diese Art von Software ist für den unternehmensweiten Einsatz geeignet. Mittels dieser Software werden so anstehende oder bestehende Projekte in die unternehmensweite Planung integriert. z. B. *InLoox*.

Dadurch, dass diese Art Software aber in andere, z. B. *ERP* – Software, welche zum operativen Geschäft beiträgt, integriert wird, um dort zu unterstützen, trägt sie kaum etwas zum eigentlichen Projektmanagement bei.

3.1.4 Nicht spezifische Projektmanagementsoftware

Neben der Software, welche explizit zur Projektmanagementsoftware gehört, existieren auch noch zahlreiche Programme, die eigentlich nicht projektmanagement-spezifisch sind, die aber zweckspezifisch genutzt werden können.

Dazu zählen u. a. :

- Office-Anwendungen (z. B. *Open Office, Libre Office, MS Office*)
- Datenbanksysteme (z. B. *MS Access, ORACLE*)
- Kreativitätstools und -techniken(z. B. *Mind Mapping, Brainstorming*)

3.2 Anforderungen an eine Projektmanagementsoftware

Auf dem Markt für Projektmanagementsoftware findet man sehr viele, teilweise sehr unterschiedliche Produkte. Manche Produkte decken eine Vielzahl von relevanten

Funktionen ab, andere konzentrieren sich nur auf einen kleineren Teilbereich. So ist die Frage gegeben, welche Anforderungen an die Software gestellt werden.

3.2.1 Gruppierung von Managementaufgaben

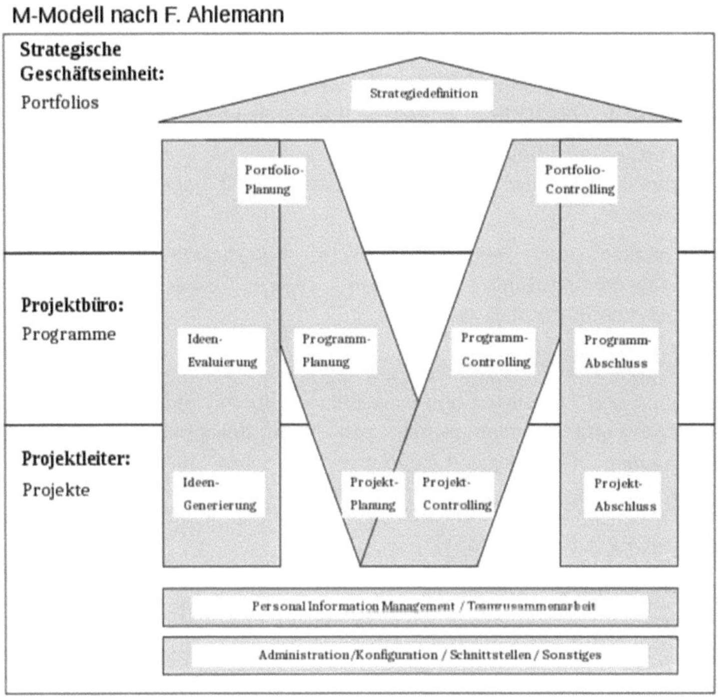

M-Modell nach F. Ahlemann

Abbildung 2 – M-Modell nach Ahlemann[9]

Wie in Abbildung 2 erkennbar, werden bestimmte Aufgaben innerhalb eines Projektes nach dem Projektlebenszyklus in Gruppen zusammengefasst, die nacheinander abgearbeitet werden.

So beginnt der Zyklus mit der Phase der Ideengenerierung, in welcher oftmals erst zusammengeführt wird, was für Ideen für das anstehende Projekt ausschlaggebend sein könnten.

Es folgt die Ideenevaluierung, mittels welcher die bisher ermittelten Ideen nach ihrer Erfolgsaussicht hin bewertet werden.

Die nächste Stufe ist das Portfoliomanagement, bei welchem das Portfolio zusammengestellt und verwaltet wird.

---

[9] http://commons.wikimedia.org/wiki/File:MModell_Ahlemann.png

6

Durch den nächsten Schritt, die Programmplanung, soll festgelegt werden, welche Mengen und Arten der im Projekt behandelten Produkte und Ziele zu erreichen sind.

Sind all diese Schritte erledigt, münden alle bisherigen Erkenntnisse in den nächsten Schritt, die Projektplanung.Aus dieser heraus werden nun nacheinander jeweils das Projektcontrolling, das Programmcontrolling und das Portfoliocontrolling erstellt.

Sind all diese Punkte gegen Ende des Projekts im grünen Bereich, kann zunächst der Programmabschluss vollzogen werden, welcher eine in die Vergangenheit gerichtete Betrachtung liefert, ob das Ziel des Projekts zu erreichen ist oder ob in anderen Systemen noch etwas verbessert werden muss.

Nachdem dieses erfolgreich beendet wurde, werden die Projektergebnisse und die Erfolgsrechnung gesichert. Zum Schluss kann somit auch der Projektabschluss vollzogen werden.

Zudem müssen auch allgemeine, nicht projektspezifische, aber dennoch projektmanagementrelevante Aufgaben wie Teamzusammenarbeit und Administration berücksichtigt werden.[10]

3.2.2 Aufgabengebiete innerhalb der Gruppen

Die Aufgaben und Tätigkeiten des Projektmanagement werden durch verschiedene Vereinigungen und Gremien in den von Ihnen beschriebenen Methoden zum Projektmanagement kategorisiert und definiert. Beispiele[11] hierfür sind:

* PMI (hauptsächlich USA)

* PRINCE2 (UK und Europa)

* GPM (Deutschland)

Die Aufgaben der Projektmanagementsoftware werden nach dem PMI[12] in verschiedene Wissensbereiche aufgeteilt, die in den folgenden Kapiteln behandelt werden sollen.

3.2.2.1 Integrationsmanagement

Es wird die Integration des Projekts sichergestellt. Beteiligte sind dabei entsprechend der Art ihrer Beteiligung einzubeziehen. Hierbei findet eine Erleichterung statt, wenn Projekt-Standards eingehalten werden.

3.2.2.2 Inhalts & Umfangsmanagement

Es soll dafür gesorgt werden, dass die gesetzten Projektziele erreicht werden. Es sorgt die Art des Managements allerdings nicht nur für die Ergebnisorientierung in Bezug auf die ursprünglichen Ziele, sondern hat insbesondere zur Aufgabe, notwendige Abweichungen von diesen Zielen, die im Projektverlauf deutlich werden, in das Projekt einzubinden sowie entsprechende Neuplanungen zu veranlassen.

---

[10]vgl (Ahlemann, 2002, S.31-36)
[11]vgl Aufzählung www.computerwoche.de
[12]www.pmi.org

3.2.2.3 Terminmanagement

Im Rahmen des Terminmanagements sollte festgestellt werden, ob die anstehenden Aufgaben und Termine innerhalb des zur Verfügung stehenden Zeitraums abgearbeitet werden können und somit auch feste Terminvorgaben einzuhalten.hier sollten alle beteiligten Zielgruppen eingebunden werden.

3.2.2.4 Kostenmanagement

Hier wird vorallem auf die Budgeteinhaltung abgezielt. Es sollte die Frage gestellt werden, ob die Kosten geplant, gesteuert und kontrolliert werden können. Hierfür könnte z. B. der Kostenverlauf erfasst werden. Gegebenfalls können hier auch Gegenmaßnahmen eingeleitet werden.

3.2.2.5 Qualitätsmanagement

Qualitätsmanagement innerhalb von Projekten umfasst die Bildung von Standards in den Bereichen von Projekt-Prozessen, der Dokumentation der Arbeiten und Ergebnissen. Aber auch ein geeignetes Maßnahmenmanagement für eventuelle Probleme sollte mitinbegriffen sein.

3.2.2.6 Personalmanagement

Es soll in diesen Rahmen eine effiziente Zuordnung der Ressourcen nach Fähigkeiten und verfügbaren Kapazitäten auf die Projektaufgaben stattfinden. Zudem enthält es auch die Teamentwicklung.

3.2.2.7 Kommunikationsmanagement

Unter der Berücksichtigung des Aufeinandertreffens von diversen Persönlichkeiten sind diese Kompetenzen nicht ausreichend. In Abhängigkeit bzw. Zusammenhang mit den individuellen Persönlichkeitsstrukturen werden weitere Kompetenzen wegweisend:[13]

3.2.2.8 Risikomanagement

Es wird erarbeitet, mit welchen Risiken die Aufgabe verbunden ist und wie mit solchen umgegangen werden soll. Zudem sollte geklärt werden, ob etwaige Risiken vermieden, vermindert oder begrenzt werden können. Diese Art sollte Risikoanalysen, präventive Maßnahmen und Notfallkonzepte enthalten. Insbesondere bei komplexen Projekten ist dies von Bedeutung.

3.2.2.9 Beschaffungsmanagement

Hierbei handelt es sich im Wesentlichen um die Integration und Zusammenarbeit mit Partnern und Lieferanten, je nachdem, was im Laufe des Projektes für Produkte oder Unterstützung benötigt wird.

Dennoch kann es vorkommen, dass sich manche Aktivitäten überschneiden, denn diese sind nach den oben genannten Inhalten ausgerichtet und können so teilweise manche Wissensgebiete gleichzeitig anschneiden. Z. B. behandelt das Aufgabenmanagement sowohl Themen im Termin- als auch im Personalmanagement.

Außerdem erstrecken sich diese Wissensgebiete über das gesamte Projekt; es

---

[13] Vgl. Bürgi Nägeli Rechtsanwälte 2018

existieren jedoch innerhalb dessen Schwerpunkte. So sollten z. B. Risiken oder Termine in der Planungsphase definiert werden, in der Durchführung allerdings auch laufend überwacht werden.

3.3 Projektmanagement – Tools

Bisher wurden die Anforderungen an eine Projektmanagementsoftware ermittelt. Durch einen Vergleich von verschiedenen Projektmanagement-Tools[14] ist erkennbar, dass viele Werkzeuge im Bereich der Anforderungen die Funktionalität teils oder gänzlich vermissen lassen.

Schlussfolgern lässt sich daraus, dass es einfach kein einzelnes, vollständig alles unterstützendes Projektmanagement-Tool gibt.

Deswegen werden in der Praxis oftmals viele verschiedene Werkzeuge aus unterschiedlichen Kategorien[15] genutzt.

- Standardwerkzeuge, z.b Programme für Tabellenbearbeitung, Textverarbeitung und auch für Grafiken, werden oft für die Projektdefinition, die Aufgabenverwaltung und das Zielemanagement eingesetzt

- Unterstützung des Projektmanagements durch aufgabenspezifische Mustervorlagen, welche ganz individuell zu bearbeiten sind (z. B. für Open Issues). Solche Mustervorlagen exisitieren auch für die Projektarbeit selbst, z.b. für Vorstudien oder auch für Fachkonzepte.

- Projektmanagement-Anwendungen, welche im Zusammenhang mit Termin, Ressourcen und Kostenplanung stehen, jedoch in unterschiedlich hohem Funktionsumfang (z. B: nur Planung oder nur Kontroll- & Berichtswesen).

- Software mit starker Funktionsintegration steuern z. B: prozessorientiertes Arbeiten, unterstützen das Change & Aufgabenmanagement, erstellen eine Abbildung von einem zu erschaffendem System als Modell und speichern so den bisherigen Stand der Arbeitergebnisse ab

- Für die Kommunikation werden praktischerweise so gut wie immer Mailsysteme benutzt. Ab und zu werden bei virtuellen Projekten auch Webkonferenzsysteme benutzt.Doch gerade in diesem Punkt findet zur Zeit die Entwicklung statt, dass der Gedanke des Social Web integriert werden soll. So soll eben nicht das Wissen in verteilten Mailboxen von verschiedenen Mailsystemen verteilt sein, sondern weiterhin in dem Projekt bleiben.

---

[14]http://en.wikipedia.org
[15]http://articles.portal-tol.net/

3.4 Auswahl der passenden Projektmanagementsoftware

Anhand der beschriebenen Arten und Anforderungen kann man nun sich daran orientieren, was alles zu berücksichtigen ist, wenn die passende Projektmanagementsoftware gefunden werden soll. Eine Möglichkeit wäre eine Auswahltabelle:

Dimensionen	Kriterien	Gewicht	Produkt 1	Produkt 2	Produkt 3
Management Disziplin	Integration (Stakeholder)				
	Inhalt & Umfang				
	Termin (Schedule)				
	Kosten (Budget)				
	Qualität (Quality)				
	Risiko (Risk)				
	Ergebnis Disziplin:	**33 %**			
Nutzung	Browserfähig				
	Dokumentenablage				
	Versionierung				
	Mehrbenutzerfähig				
	Kalenderintegration				
	Chat Projektbezug				
	Rollenkonzept				
	Ergebnis Nutzung	**33 %**			
Umfang	Einzelprojekt				
	Multiprojekt				
	Abrechenbare Projekte (ERP)				
	Ergebnis Umfang	**11 %**			
Technologie	Cloud				
	On-premise				
	Ergebnis Technologie	**11 %**			

Hersteller					
	Preis				
	Stabilität Hersteller				
	Referenzen Hersteller				
	Ergebnis Hersteller	11 %			
Gesamt					

Tabelle 1 – Auswahlhilfe

Eine Auswahltabelle wie in *Tabelle 1* dargestellt kann nur ein Beispiel sein, wie eine Auswahl erfolgen könnte. Insbesondere die Gewichtung der einzelnen Zeilen ist - im Rahmen eines spezifischen Auswahlprojekts - immer abhängig von den Anforderungen der Umgebung. So kann es durchaus sein, dass Kostengesichtspunkte in einem Fall ausschlaggebend sind, während in einem anderen Fall die Notwendigkeit existiert Projekte auf Basis der Steuerungsangaben auch zu fakturieren.natürlich sind auch noch weitere, im Einsatzumfeld relevante Kriterien, denkbar. Die Tabelle sollte dann entsprechend erweitert werden. Es darf auch nicht verschwiegen werden, dass eine anschließende Bewertung der Kriterien für einzelne Produkte immer einen subjektiven Charakter haben wird. Ziel der Auswahltabelle ist es, den Auswahlprozess transparent und nachvollziehbar zu gestalten und generell die Basis einer Diskussion im Team zu bieten.

3.5 Bestehende Projektmanagementsoftware

Dieser Abschnitt soll einen kleinen Überblick über einige wenige Projektmanagement-Progamme geben. Aus Umfangsgründen soll über jede Art der Projektmanagementsoftware jeweils nur ein bestehendes Programm diskutiert werden.

3.5.1 Microsoft Project – Single Project Management Software

MS Project[16] ist eine Planungs- & Steuerungssoftware für Projekte, bei der es auch möglich ist, neben der Einzelplatzarbeit sich auch an den MS-Project-Server anzubinden. Dadurch wird auf eine Vielzahl an entsprechenden Anforderungen eingegangen. Zu diesen zählen unter anderem:

- Anforderungs-, Portfolio-, Multiprojektmanagement
- Zeiterfassung
- zentrale Ressourcenplanung & Zugriffsverwaltung
- Risiko- & Dokumentenmanagement
- Reporting oder aber auch der Zugriff mittels eines Webclients.

---

[16]http://office.microsoft.com/

11

Dadurch, dass MS Project ein Bestandteil der MS Office-Familie ist, lässt es sich problemlos in externe IT-Systeme integrieren, z. B. Excel, Word, Sharepoint. Die Verwaltung der Projekte erfolgt meist dezentral, da für eine zentrale Verwaltung der Projekte und Ressourcen der Microsoft Project Server erforderlich ist. Kauft man diesen hinzu, wird aus der Single-Software eine Multi-Software. Ist auf die zentrale Verwaltung umgestellt, erhält man den Vorteil, dass Abhängigkeiten und Auswertungen über mehrere Projekte zur Verfügung stehen, zudem können die Projektteams eingebunden werden. Damit vereinfacht sich die Informationsverteilung und das Rückmelden wie der Fortschrittstatus.

Die „Vorgänge" zum Arbeiten in MS Project sind ein flexibler Begriff. Ein Vorgang kann eine einzelne Aufgabe aus einem Arbeitspaket, eine Zusammenfassung von Aufgaben oder gar ein eigenes Projekt abbilden. Je nach Ebene oder Bedeutung des Vorgangs können diese in Sammelvorgängen gegliedert werden. Z. B. sind Meilensteine Vorgänge ohne zeitliche Ausdehnung, d. h. bereits in der Planung festgelegte Termine, zu denen definierte, bedeutende Teilziele erreicht werden sollen.

3.5.2 PLANTA Project – Multi Project Management Software

PLANTA Project ist eine Projektmanagementsoftware für die Verwaltung und Steuerung mehrerer Projekte eines Unternehmens, die sich die gleichen Ressourcen teilen.

Bei der Anzahl der Projekte, die verwaltet werden können, gibt es keine mengenmäßige Beschränkung, so dass das gesamte Projektportfolio eines Unternehmens verwaltet werden kann. Dabei ist es egal, ob es sich zunächst um eine Projektidee oder bereits um ein eingeplantes Projekt mit Terminen, Ressourcen und Kosten handelt.

Besonders ist die Darstellung der Ressourcenplanung über alle Projekte des Unternehmens hinweg, die Aussagen darüber zulässt, inwieweit in einer bestimmten Abteilung zu einem bestimmten Zeitpunkt Ressourcen frei sind, z. B. für einen speziellen Kundenauftrag. Das Planungsmodul stellt klare Projektstrukturpläne und eine Meilensteinplanung mit Trendanalyse zur Verfügung sowie die Darstellung des Terminplans als Diagramm.

3.5.3 InLoox – Enterprise Project Management Software

InLoox nutzt die Kommunikationsfunktionen von MS Outlook und erweitert dieses um den Bereich „Projektmanagement". Die klassische Diagrammplanung wird ergänzt durch Features aus der Controlling- und CRM Software. Vor allem Projekte kleinerer und mittlerer Größenordnung werden mit dem Programm bearbeitet. Laufende Projekte werden in einer zentralen Datenbank gespeichert.

4. Fazit

Die hohe Komplexität von neuen Projekten ist seit geraumer Zeit so gut wie nicht mehr ohne die passende Software lösbar. Dadurch, dass das Alltagsgeschäft vom routinemäßigen Abarbeiten der Aufträge immer mehr in eine Art Projektarbeit umschlägt, begegnet man ständig neuen Herausforderungen, die so in der Form noch nicht präsent waren.

Die vordringlichste Aufgabe einer Unternehmung besteht nun darin, Projekte schnell, effektiv und effizient durchzuführen. Hier kann Projektmanagementsoftware helfen. Allerdings zeigt allein schon die Breite der Bewertungsmöglichkeiten, dass die richtige Auswahl einer solchen Software selbst schon Projektcharakter hat. Auch nach der Einführung einer Software bleibt die kontinuierliche Verbesserung der Software, ihre Verbreitung und ihr Einsatz eine Herausforderung an die erfolgreiche Projektsteuerung. Das Ergebnis dieser Untersuchung kann auch nur ein Schlaglicht der aktuellen Situation sein. Hilfreich könnte aber auch für zukünftige Auswahlen die hier angewandte Methodik der Softwareauswahl sein.

Die Software – Entwickler geben täglich zwar ihr Bestes, um diese Herausforderungen zu meistern, aber dadurch, dass immer wieder neue Probleme durch neue Parameter in neuen Projekten entstehen, wird auch weiterhin das Risiko eine große Rolle spielen. Denn eine Super-Software, eine Art Allheilmittel, die alles beherrscht, existiert noch nicht für ständig wechselnde Parameter innerhalb vieler verschiedenen Projekte. Wie die Entwicklung in diesem Sektor weitergeht, bleibt abzuwarten. Motivation schaffen.

Literatur- / Quellenverzeichnis

Bücher:

- Ahlemann, Frederik; (2002). *Arbeitsbericht des Fachgebiets Betriebswirtschaftslehre/Organisation und Wirtschaftsinformatik Universität Osnabrück*, Herausgeber Uwe Hoppe, abgerufen von *http://www.bow.uniosnabrueck.de/Das_M_Modell.pdf*, abgerufen am 30.05.2014

- Fiedler, Rudolf (5. Auflage 2010): *Controlling von Projekten*, Vieweg +Teubner | GWV Fachverlage GmbH

- Litke, H.-D. (5. Auflage 2007). *Projektmanagement Methoden, Techniken, Verhaltensweisen Evolutionäres Projektmanagement*. München: Hanser Verlag.

- Wieczorrek, H. W., & Mertens, P. (2008). *Management von IT-Projekten - Von der Planung zur Realisierung*. Berlin Heidelberg: Springer-Verlag

Internet:

- *http://projektmanagement-definitionen.de/glossar/software/*, abgerufen um 25.05.2014

- *http://www.monitor.at/index.cfm/storyid/7127_Projekt-Management_Auswahlhilfe-Projektmanagement-Software_-_das_Werkzeug_zur_Sicherung_des_Unternehmenserfolgs*, abgerufen am 24.05.2014

- *http://www.bwl24.net/blog/2010/05/12/geeignete software fur das projektmanagement/*, abgerufen am 30.05.2014

- *http://www.pmi.org/Knowledge-Center.aspx*, abgerufen am 30.05.2014

- *http://www.wikiweise.de/wiki/Projektmanagement==0==*, abgerufen am 30.05.2014

- *http://en.wikipedia.org/wiki/Comparison_of_project_management_software* – die komplette Tabelle zum Vergleich der einzelnen Software-Tools, abgerufen am 01.06.2014

- *http://articles.portal-tol.net/english-language-de/Projektmanagementsoftware*, abgerufen am 01.06.2014

- *http://office.microsoft.com/de-de/project/*, abgerufen am 01.06.2014

- *http://www.planta.de/C01500060-DE/PUB/01500238-EL01505821-0001-DE.htm#0001*, abgerufen am 01.06.2014

- *http://www.inloox.de/*, abgerufen am 01.06.2014

- *http://www.computerwoche.de/a/prince2-und-die-konkurrenten,1902404*, abgerufen am 02.06.2014

Abbildungen:

- Abbildung 1: *http://commons.wikimedia.org/wiki/File:MModell_Ahlemann.png*, abgerufen am 30.05.2014